Tsunami

et autres récits

Mikaël Ollivier

Jean-François Chabas

Tsunami

et autres récits

Vocabulaire par
Uta Grasse

Ernst Klett Sprachen
Stuttgart

1. Auflage 1 5 4 3 2 1 | 2016 15 14 13 12

Alle Drucke dieser Auflage sind unverändert und können im Unterricht nebeneinander verwendet werden.
Die letzte Zahl bezeichnet das Jahr des Druckes.
Internetadresse: www.klett.de / www.lektueren.com

Redaktion: Edith Michaelsen, Elena Bergmann
Layoutkonzeption: Elmar Feuerbach
Gestaltung und Satz: Satzkasten, Stuttgart
Umschlaggestaltung: Elmar Feuerbach
Druck und Bindung: AZ Druck und Datentechnik GmbH, Heisinger Straße 16, 87437 Kempten/Allgäu

Printed in Germany

ISBN 978-3-12-591406-3

9 783125 914063

Table des matières

Introduction

Chères lectrices, chers lecteurs,

Quel petit garçon, quelle petite fille étiez-vous quand vous aviez huit ans ? *Tsunami*, *Le père Tire-Bras* et *Sur un arbre perché* sont trois nouvelles dont les jeunes héros réagissent chacun à sa façon aux problèmes de la vie moderne. Laissez-vous surprendre !

Avant de commencer votre lecture, lisez pages 8 et 9 les recommandations pour bien comprendre un texte (*Tipps, um einen französischen Text besser zu verstehen*). Le **vocabulaire** que vous ne connaissez peut-être pas encore est expliqué **en bas de page** (Fußnoten).

Après chaque nouvelle, il y a des **pistes de lecture** sous forme de questions qui vous aideront à réfléchir sur des aspects des nouvelles.

Pour en en savoir plus sur les auteurs Mikaël Ollivier et Jean-Francois Chabas, rendez-vous page 68.

Bonne lecture !

Tipps, um einen französischen Text besser zu verstehen

Diese Lektüren enthalten viele Wörter, die ihr bereits kennt. Die meisten Wörter, die ihr vielleicht noch nicht kennt, werden in den Fußnoten erklärt.

Aber es gibt auch viele Wörter, die euch zunächst fremd erscheinen könnten, deren Bedeutung aber mit Hilfe von „Techniken“ erschließbar ist. Hier sind also die gängigsten Techniken anhand von Beispielen aus den Erzählungen.

1. Erschließung über Fremdwörter, die es im Deutschen gibt, oder über das Englische:

französisch	**deutsch**	**englisch**
interrompre		to interrupt
un cadavre	Kadaver	
refuser		to refuse
un meuble	Möbel	
hésiter		to hesitate
victorieux		victorious

2. Erschließung über Wörter der gleichen Wortfamilie und durch Kenntnis der Bedeutung gängiger Vor- und Nachsilben:

unbekanntes Wort	**Ableitung**	**dt. Bedeutung**
grandir	grand	wachsen
véritable	la vérité	wahr, echt
rajouter	re + ajouter	hinzufügen (wiederholt)
une écriture	écrit → écrire	Schrift

3. Erschließung durch den Kontext (le contexte):

Les caissières faisaient signer un papier …	signer → **un signe** *Zeichen* hier im Kontext **signer** *unterzeichnen*

Mikaël Ollivier

Tsunami

I don't wanna work in a building downtown,
No I don't wanna work in a building downtown.
I don't kwow what I'm gonna do,
'cause the planes keep crashing always two by two.

Antichrist television blues, Arcade Fire.

Je ne veux pas travailler dans une tour en ville,
Non, je ne veux pas travailler dans une tour en ville.
Je ne sais pas ce que je vais faire,
Parce que les avions s'écrasent toujours deux par deux.

10 **s'écraser** *ici :* aufprallen

1

Quand le chocolat est froid, la peau du lait tremblote à la surface. J'essaye de la pousser sur les bords du bol, mais elle colle à ma petite cuillère.

– Bois ton chocolat, dit toujours mon père. Le lait, c'est plein de calcium, ça fait grandir.

– J'aime pas la peau du lait, je réponds alors, sachant très bien ce qui va suivre.

– Arrête de chipoter ! J'ai horreur des enfants qui font des manières à table.

Et en général, ma mère ajoute :

– Pense à tous les enfants dans le monde qui n'ont rien à manger !

J'y pense, tous les jours même, à force d'entendre cette phrase au petit déjeuner. Elle me rappelle des images que j'ai vues souvent à la télé, des enfants noirs très maigres mais au ventre très rond, avec des yeux grands et fatigués autour desquels tournent nerveusement des mouches. J'aimerais comprendre comment le fait de terminer mon bol pourrait empêcher tous ces enfants de mourir de faim à l'autre bout du monde. J'aimerais les aider, je serais prêt à leur donner tout mon lait chaque matin. Mais je ne fais que regarder les images qui me coupent l'appétit avant même que la peau du lait ne soit formée.

1 **un chocolat** *ici :* une boisson au lait et au cacao – 1 **la peau** Haut – 2 **trembloter** bouger un peu – 3 **un bol** Trinkschale – 3 **coller** kleben – 3 **une cuillère** [kɥijɛʀ] Löffel – 5 **le calcium** [kalsjɔm] Kalzium – 7 **sachant** → savoir – 8 **chipoter** *ici :* manger un tout petit peu, sans motivation – 9 **faire des manières** *ici :* être difficile, ne pas vouloir manger – 13 **à force de** + *inf* tellement – 18 **une mouche** Fliege – 19 **le fait de** + *inf* die Tatsache, dass – 20 **empêcher qn de faire qc** jdn daran hindern etw zu tun – 21 **à l'autre bout du monde** *fam* de l'autre côté du monde – 24 **couper l'appétit** faire que l'on n'a plus d'appétit – 24 **avant (même) que** + *subj* bevor

Lundi dernier, un Boeing 747 est tombé dans mon bol. Sur l'écran de la télé, il y avait le dessin d'une carte du monde, avec des pointillés jaunes pour montrer le parcours de l'avion et une étoile rouge qui clignotait là où il s'est abîmé en mer.

Je trouve ça drôle, comme mot, abîmé, pour un avion qui fait des dizaines et des dizaines de tonnes et dans lequel il y avait cent deux passagers. D'habitude, ce sont les livres de classe qu'il ne faut pas abîmer, les jouets ou les chaussures. J'ai eu beau chercher avec ma cuillère, je ne suis pas arrivé à repêcher les naufragés. Les opérations de sauvetage ont été interrompues par maman qui a dit que c'était l'heure de partir à l'école. Elle a pris mon bol et l'a vidé dans l'évier. C'était foutu pour retrouver la boîte noire.

2 **un écran** Bildschirm – 3 **des pointillés** [pwɛ̃tije] *mpl ici :* une ligne faite de points – 5 **clignoter** blinken – 5 **s'abîmer** *ici :* plonger dans qc ; se casser (beschädigt werden) – 11 **avoir beau faire qc** *fam* essayer de faire qc sans succès – 12 **repêcher qn/qc** sortir qn/qc de l'eau – 12 **un naufragé** une personne tombée à l'eau – 12 **une opération** *ici :* une activité organisée – 13 **un sauvetage** → **sauver qn/qc** jdn/etw retten – 15 **un évier** Waschbecken – 15 **c'est foutu pour** *fam* c'est plus possible de

2

Hier matin, c'est le CAC 40 qui s'est abîmé dans mon chocolat chaud. Je ne sais pas ce que c'est, mais vu la tête de papa, ça a l'air encore plus grave qu'un Boeing, avec plus de victimes. C'est comme ça que j'ai appris que mon père est un homme d'actions, lui qui passe tout son temps au téléphone ou devant la télévision. J'ai appris aussi que la Bourse a des cours et que parfois ils plongent. À la télé, le type moche en costume a dit qu'on n'avait pas vu ça depuis des années, que c'est la crise, un véritable *tsunami* qui déferle sur le monde de la finance, celui où travaille mon père.

Dans le bain, je joue souvent au tsunami. Je fais des grosses vagues avec mes pieds et il y a des milliers de morts. Des femmes, des hommes, des enfants, des maisons emportées, des meubles qui flottent ensuite, des cadavres qu'on retrouve dans la boue une fois le bain vidé. Je fais la voix du journaliste, un peu comme les commentateurs pour les matchs de foot. Alice, ma grande sœur, m'a surpris un jour. Elle a haussé les épaules et elle est partie s'enfermer dans sa chambre. Elle a quinze ans. Elle est née un 11 septembre. Elle ne fait que dessiner des tours avec des avions qui foncent dedans deux par deux. Elle m'a souvent raconté son anniversaire l'année d'avant ma naissance, en 2001, comment elle s'était retrouvée seule dans le salon à

1 **le CAC 40** *französischer Leitindex der 40 führenden französischen Aktiengesellschaften, die an der Pariser Börse gehandelt werden (entspricht ungefähr dem DAX)* – 3 **vu (voir)** *fam* was … betrifft – 6 **une action** Tat; Aktie – 8 **la Bourse** Börse – 8 **un cours** *ici :* (Börsen-)Kurs – 8 **plonger** *ici : fig* (ab)stürzen – 9 **un costume** Anzug – 11 **déferler sur qc** *ici :* etw überschwemmen – 14 **une vague** Welle – 16 **être emporté** weggetragen werden – 17 **flotter** être à la surface de l'eau – 18 **la boue** Schlamm – 18 **une fois le bain vidé** après que le bain a été vidé – 21 **hausser les épaules** mit den Schultern zucken – 24 **foncer dans qc** aller vers qc très vite

ouvrir ses cadeaux alors que papa, maman, papy et mamy étaient debout devant la télé où on voyait en direct des gens qui sautaient d'une tour en feu et s'écrasaient sur le sol.

Papa travaille dans une tour, mais il n'y a jamais d'avions qui foncent dedans. Maman, elle ne travaille plus depuis que ma petite sœur est née il y a six mois. Elle pleure souvent la nuit, ma sœur. Maman aussi en lui donnant le sein pour la faire taire. Parce que papa travaille trop et que des fois, il ne rentre pas le soir. Ni la nuit. L'autre matin, je l'ai trouvé endormi dans le canapé du salon.

J'aime bien regarder ma petite sœur qui tète les seins de maman. Je me demande si ça fait mal. « Des fois, me dit maman, mais c'est bon pour elle. Le lait maternel est meilleur que le lait du commerce. » Je ne comprends pas comment le lait vient dans la poitrine des dames, et je voudrais savoir quel goût il a. Dans mon chocolat, c'est du lait bio que je mets. C'est donc de la peau bio qui se forme à la surface de mon bol que je n'arrive jamais à finir. De la bonne peau bio, mais qui me donne quand même envie de vomir.

– Finis ton chocolat. Le lait, c'est plein de calcium, ça fait grandir.

Hier matin, papa ne m'a pas dit cette phrase. Hier matin, il s'en moquait de ma peau bio de lait au chocolat car il regardait le CAC 40 qui tombait comme les gens des tours jumelles le jour de l'anniversaire d'Alice. Le CAC 40 qui va s'écraser par terre avec un bruit dégoûtant et du sang partout.

4 **le sol** Boden – 9 **un sein** Brust, Busen – 10 **faire taire qn** obliger qn à ne plus crier ou parler – 12 **un canapé** un sofa – 13 **téter le/les seins** an der Brust saugen, nuckeln – 15 **des fois** *fam* parfois (manchmal) – 16 **maternel, elle** de la mère – 18 **la poitrine** Brust – 19 **un goût** Geschmack – 22 **donner envie de vomir à qn** *ici :* von etw Brechreiz bekommen – 27 **se moquer de qc** *ici :* ne pas être intéressé par qc – 29 **jumeau, jumelle** *adj* zwillings- – 31 **dégoûtant** ekelhaft, ekelerregend

Je me demande toujours ce que ça sera, le lendemain, quand on allumera la télé. C'est une sorte de feuilleton. Je guette ce qui s'est passé dans le monde et des fois c'est pas grand-chose, juste une grève ou les résultats sportifs. Alors je suis déçu et j'attends avec impatience le jour d'après. Ce sont les informations du matin les plus intéressantes, parce que les catastrophes se passent presque toujours la nuit quand on dort. Les guerres c'est pas mal mais ça ne vaut pas les catastrophes naturelles. Il y en a de plus en plus, la faute au réchauffement climatique dont on est tous responsables. Tous. Sauf ma petite sœur qui ne sait pas encore marcher et qui n'a rien fait de mal. Pas comme moi. Alors je veille à ne pas laisser couler l'eau quand je me lave les dents comme m'ont expliqué mes parents, même si je me demande des fois pourquoi ils n'y ont pas pensé plus tôt, quand ils étaient enfants, par exemple. On n'en serait pas là.

Ma catastrophe naturelle préférée, ça reste les tsunamis, même si Alice me dit que c'est de la crotte à côté des avions qui se jettent deux par deux dans les tours.

Si seulement j'étais né plus tôt, j'aurais pu les voir, moi aussi.

3 **guetter** lauern – 4 **c'est pas grand-chose** *fam* c'est rien d'important – 5 **une grève** quand les gens arrêtent de travailler pour protester contre qc – 10 **qc ne vaut pas qc** qc n'est pas aussi bon/intéressant que qc – 12 **le réchauffement climatique** Klimaerwärmung – 15 **veiller à faire qc** faire attention de faire qc – 15 **couler** *ici :* fließen – 23 **c'est de la crotte** *fam* ce n'est rien

3

Ce matin, ce sont les chiffres du chômage qui tombent dans mon chocolat chaud. Ils font un trou dans la peau du lait et coulent droit au fond du bol. D'après le type moche en costume à la télé, c'est « une conséquence directe de la crise financière. »

Je repense à ce que m'ont expliqué papa et maman un jour où j'avais été puni par la maîtresse : que l'école, ça permettait plus tard d'avoir un beau métier. Benjamin, un copain de ma classe qu'on surnomme Ben Laden parce qu'il fait péter des bombes à eau fabriquées avec des préservatifs qu'il pique à son grand frère, dit que c'est rien que des mensonges et que de toute façon, quand on sera grand, il n'y aura plus de travail pour nous et plus de retraites pour nos parents. Plus de banquise non plus pour les ours blancs, je rajoute toujours. Magib, un autre copain, lui, il pense que de toute façon, bien avant qu'il n'y ait plus de travail ni de banquise, il y aura une explosion nucléaire et un nuage de poussière et de cendre qui recouvrira la planète et nous plongera dans une nouvelle aire glaciaire comme celle qui a tué les dinosaures.

Après le chômage, à la télé, on voit les images d'une ville où les gens courent en criant et en pleurant. Ma grande sœur verse du lait dans son bol de céréales et dit : « Encore un kamikaze. Comme dans les avions, en 2001. »

1 **le chômage** Arbeitslosigkeit – 3 **couler** *ici :* versinken – 3 **au fond de qc** *ici :* jusqu'en bas de qc – 7 **punir** sanctionner – 7 **une maîtresse** une *enseignante* (Lehrerin) à l'école primaire – 10 **faire péter** *fam* faire exploser – 12 **piquer** *fam* voler, prendre illégalement – 13 **un mensonge** → **mentir** ne pas dire la vérité – 15 **une retraite** une pension – 15 **la banquise** Packeis – 17 **de toute façon** ohnehin – 20 **la poussière** Staub – 20 **la cendre** Asche – 20 **recouvrir** → couvrir – 21 **une aire glaciaire** Eiszeit – 25 **verser** *ici :* einschenken

Les parents n'ont plus le droit d'arrêter leur voiture devant l'école à cause du plan Vigipirate. *Vigipirate des Caraïbes,* dit Benjamin en rigolant. Vigipirate, ça sert à éviter que des kamikazes viennent se faire péter le ventre au moment de la sortie des classes, ou que des avions s'écrasent dans la cour deux par deux à l'heure de la récréation. Quand maman attendait ma petite sœur, son ventre était si gros et si tendu que j'avais peur qu'il éclate comme celui d'un terroriste. J'avais surnommé ma sœur Vigipirate. Mes parents ont préféré Émeline.

Papa sort de la salle de bain et se verse un café. Il est de mauvaise humeur ce matin. Pas à cause des chiffres du chômage au fond de mon bol, ni du CAC 40 écrabouillé par terre ni du kamikaze qui s'est fait exploser avec six autres personnes, mais parce qu'il s'est disputé avec maman. Je les ai entendus cette nuit, quand papa est rentré très tard. Maman a crié, elle a pleuré et ça a réveillé Émeline. Ensuite il n'y a plus eu de bruit et j'ai deviné que ma petite sœur était en train de téter. Elle a de la chance que sa peau de lait, à elle, ce soit celle, rose et douce, de maman.

Dans mon lit, en écoutant le silence qui vibrait après la dispute, je me sentais comme un ours blanc sur un bout de banquise en train de dériver et de fondre sous ses pattes.

– Dépêche-toi de finir ton bol, me dit papa.

– Il y a de la peau de lait, je lui dis d'un air dégoûté.

2 **le plan Vigipirate** *Begriff für französische Sicherheitsmaßnahmen zum Schutz gegen Terrorismus; zusammengesetzt aus* vigilance *(Wachsamkeit) und* pirate – 9 **tendu** gespannt – 10 **éclater** exploser – 16 **écrabouillé** *fam* écrasé – 23 **doux, douce** *ici :* sanft, zart – 27 **dériver** bouger sans direction claire – 28 **fondre** schmelzen – 28 **une patte** le pied d'un animal

– Arrête de chipoter, Damien. Le lait, ça fait grandir, c'est plein de…

Puis il se tait, l'air fatigué, et regarde tristement le fond de son bol de café.

Alors soudain j'ai peur. Si mon père ne croit même plus au calcium, ce code secret qui enlève les taches blanches sur les ongles, ce mot magique qui rend les enfants grands et forts, ce sésame qui ouvre les portes secrètes du monde des adultes, qu'est-ce qu'il me reste ?

Je regarde le type moche en costume à la télé qui parle, qui parle, qui parle. Je regarde mon père assis devant moi, qui me regarde mais qui ne me voit pas. Je pense à ma grande sœur en train de dessiner des avions qui s'écrasent deux par deux sur des tours. À Émeline qui dort et digère le calcium jailli de la poitrine gonflée de maman. À maman encore au lit, qui pleure, pleure et pleure encore et dont les larmes vont former un tsunami qui va tous nous emporter.

6 **enlever** *ici :* faire disparaître – 7 **une tache** Fleck – 7 **un ongle** Fingernagel – 8 **rendre qn/qc fort** jmd/etw stark machen – 16 **digérer** verdauen – 16 **jaillir** [ʒajiʀ] hervorsprudeln – 17 **gonflé** geschwollen; aufgebläht – 19 **une larme** Träne

4

Ça fait bizarre d'être dans la classe à l'heure de la récré alors que les copains et les copines sont en train de crier au loin dans la cour. Ça m'inquiète et en même temps ça me plaît. Être seul dans le calme avec la maîtresse c'est comme si j'avais grandi d'un coup. Elle n'est pas assise à son bureau, mais face à moi sur la chaise trop petite de Magib. Elle me dit :

– Alors, Damien, comment ça va, ce matin ?

Je ne réponds pas. Je regarde la date écrite au tableau de son écriture ronde, le planisphère derrière son bureau, son manteau accroché à la poignée de la fenêtre.

– J'ai parlé à tes parents. Ils s'inquiètent pour toi, tu sais ? Ils ne sont pas en colère, ils sont inquiets. Tu sais pourquoi ?

Elle attend. J'attends.

– Il paraît que tu ne veux plus venir à l'école ?… Tes parents doivent se fâcher pour que tu sortes du lit, crier pour que tu t'habilles. Ta maman m'a dit que tu donnais des coups de pied dans les murs et dans les meubles quand c'est l'heure de partir.

Elle attend encore.

– Je ne cherche pas à te gronder, Damien, juste à comprendre et à t'aider… Ton papa et ta maman m'ont dit aussi que tu refuses de boire du lait, de la soupe, de manger de la viande et des légumes ? Ils disent que tu ne veux plus grandir.

J'attends encore. Je sais qu'elle n'a pas fini.

2 **alors que** *ici :* pendant que – 3 **inquiéter qn** jdm Sorgen machen – 5 **d'un coup** tout à coup – 10 **un planisphère** une carte géographique représentant la Terre – 11 **accrocher qc** etw aufhängen – 12 **une poignée** *ici :* Griff – 17 **il paraît que** on dit que – 18 **se fâcher** s'énerver, crier – 20 **donner un coup de pied** treten – 23 **chercher à faire qc** *ici :* vouloir faire qc – 23 **gronder qn** *ici :* jdn ausschimpfen

– Tu as cassé la télé, aussi. Tu l'as jetée par la fenêtre de l'appartement, c'est ça ?

J'hésite à parler. Sa voix est douce, et son regard si gentil. Je ne sais pas si je peux lui dire, si j'ai le droit de lui dire. Je ne voudrais pas lui faire de peine.

– Pourquoi tu ne veux plus grandir, Damien ? me demande encore la maîtresse.

Elle est jolie. Elle a l'âge de maman. Elle croise les jambes. Je vois ses collants noirs loin sous sa jupe. J'aimerais me glisser entre ses jambes et rentrer dans son ventre. Mais je suis trop grand maintenant pour rentrer dans le ventre des dames. Personne ne me croit quand je dis que je me souviens de quand j'étais dans celui de maman, avant ma naissance. C'est vrai, pourtant. Je me souviens des bruits loin et doux, et plus près de celui d'un cœur qui bat au même rythme que le mien.

– Pourquoi tu ne veux plus grandir ? répète ma maîtresse.

Elle est si jolie avec ses grands yeux bleus, ses cheveux blonds tirés en arrière mais dont une mèche un peu folle s'est échappée, ses lèvres rouges et son parfum qui sent la poudre… Comment lui dire ? Comment lui dire que bientôt, bientôt bientôt bientôt, bientôt c'est la fin du monde ?

5 **faire de la peine à qn** jdm Leid zufügen – 8 **croiser les jambes** die Beine übereinanderschlagen – 9 **un collant/des collants** Strumpfhose – 10 **se glisser** *ici :* sich hereinschleichen – 14 **la naissance** → naître – 16 **battre** schlagen, klopfen – 21 **tirés en arrière** *ici :* zusammengebunden – 22 **une mèche** Haarsträhne – 22 **une mèche folle** *ici :* qui ne se laisse pas coiffer – 22 **s'échapper** *ici :* sortir – 25 **la fin du monde** Weltuntergang

Pistes de lecture

Chapitre 1

1. Décrivez comment se passe le petit-déjeuner dans la famille de Damien.
2. Comparez-le au petit-déjeuner dans votre famille.
3. D'après vous, le petit-déjeuner est-il un moment agréable *(angenehm)* ou désagréable *(unangenehm)* dans la journée de Damien ?

Chapitre 2

1. Faites le portrait de la famille de Damien et analysez leurs rapports. Citez quelques phrases-clés.

Damien et la télévision (après les chapitres 1 et 2)

1. Quelle émission regarde Damien en prenant son petit-déjeuner ?
2. Dressez une liste des événements que Damien voit à la télévision.
3. Comment la télévision influence-t-elle la vie de Damien ?
4. Décrivez les jeux de Damien. Comparez-les aux jeux auxquels vous avez joué à son âge.

Chapitre 3

1. Quels sont les dangers par lesquels Damien et ses copains se sentent menacés *(bedroht)* ? Ces dangers sont réels ou virtuels ?
2. Quels autres dangers peuvent menacer les enfants de leur âge ? Donnez quelques exemples.
3. Le comportement du père de Damien a changé. Trouvez des indices de ce changement et expliquez ce que Damien entend par le « tsunami qui va tous nous emporter ».

Chapitre 4

1. Pourquoi la maîtresse veut-elle parler à Damien ?
2. Les parents de Damien ont demandé à sa maîtresse de parler avec lui. Qu'en pensez-vous ?
3. Si sa maîtresse lui demandait de parler de sa vie de famille, qu'est-ce que Damien pourrait raconter ?
4. Imaginez un dialogue entre la maîtresse et les parents de Damien dans lequel il serait question de leur vie de famille et de la télévision.

Après la lecture du récit

À votre avis, y-a-t-il un message au lecteur dans ce récit ? Rédigez un petit commentaire.

Jean-François Chabas

Le Père Tire-Bras

Pour ANGE

1

– La première chose à savoir sur le Père Tire-Bras, c'est qu'il vit dans la rivière, comme les poissons. Mais le Père Tire-Bras, ce n'est pas un poisson, oh non ! Il est mille fois plus laid et visqueux et effroyable que les plus dégoûtantes des créatures marchant sur cette terre, volant dans les airs, ou nageant sous la surface des mers et des cours d'eau. Le Père Tire-Bras, donc, il vit dans la rivière, notre rivière.

Il guette, sous la surface, les enfants qui s'approchent trop près de la berge. On ne le voit pas, puisque l'eau ici est verte, pas transparente. Mais lui, il sait ce qui se passe au-dessus, il a de bons yeux, crois-moi Olivier, mon petit. Il vérifie que cet enfant est venu tout seul au bord de la rivière. Et tout à coup hop !

Il lance hors de l'eau ses bras sans fin, longs et pleins de vase, et gluants, qu'il peut étirer comme des élastiques, il attrape l'enfant par les poignets, et il l'entraîne, plouf ! C'est pour ça qu'on l'appelle le Père Tire-Bras.

– Et qu'est-ce qu'ils deviennent, les enfants, Grand-Mère ?

– On ne sait pas. Peut-être qu'il les mange, peut-être qu'il fait pire encore… Pas un d'entre eux n'est revenu pour le raconter…

– Moi, je prendrai plus jamais un bain. Même pas une douche. Et je boirai plus l'eau du robinet.

4 **laid** ≠ beau – 4 **visqueux, -euse** schleimig – 5 **effroyable** qui fait très peur – 5 **dégoûtant** ekelhaft, ekelerregend – 6 **voler** *ici :* fliegen – 7 **une surface** Oberfläche – 7 **un cours d'eau** Wasserlauf – 10 **guetter** attendre sécrètement (lauern) – 11 **une berge** le bord d'une rivière – 17 **lancer** *ici :* sortir rapidement – 18 **la vase** Schlamm – 18 **gluant** glitschig, schleimig – 18 **étirer** allonger – 19 **attraper** *ici :* prendre – 19 **le poignet** Handgelenk – 20 **entraîner qn** *ici :* jdn mit sich reißen – 20 **Plouf !** Platsch! – 28 **un robinet** Wasserhahn

– Mais, Olivier, gros bébé, je viens de te le dire : Le Père Tire-Bras, c'est dans la rivière qu'il habite. Si tu ne t'en approches pas seul, tu es tranquille : ce monstre ne peut rien contre toi.

– C'est vrai, Grand-Mère ?

– Parfaitement, mon petit Olivier. Viens, je vais te faire une bonne tasse de chocolat.

3 **s'approcher de qc/qn** venir près de qc/qn

2

J'avais quatre ans quand Grand-Mère m'a raconté l'histoire du Père Tire-Bras. Elle habitait à la campagne, dans une maison bordée d'un grand jardin, et au fond de ce jardin coulait une rivière, la Beuve.

J'allais tout le temps en vacances là-bas. Elle vivait seule et elle aimait recevoir son petit-fils chéri. Le jardin était immense, avec toutes sortes de merveilles, une vigne de raisin chasselas, deux cerisiers, des pommiers, des fraisiers, des framboisiers, et puis un groseillier qui produisait de délicieuses petites baies rouges, un peu acides mais sucrées, que j'aimais plus que tout.

L'ennui, avec l'arbuste à groseilles, c'est qu'il ne se trouvait qu'à une dizaine de mètres de la rivière.

La Beuve, le repaire du Père Tire-Bras.

Et je ne pouvais pas demander à Grand-Mère de cueillir les groseilles pour moi, parce qu'elle voulait les garder pour faire de la gelée et des confitures. Je devais y aller moi-même.

Quelle torture ! La nuit dans mon lit, avant de m'endormir, je pesais le pour et le contre.

« C'est bon, les groseilles... oui, mais si le Père Tire-Bras avait les bras assez longs... non, quand même pas... et les groseilles, elles sont mûres, juste à point, délicieuses... »

3 **border qc** *ici :* être au bord, autour de qc – 7 **un petit-fils** Enkelsohn – 9 **une merveille** une chose fantastique – 9 **une vigne** la plante qui donne les raisins (Weinstock) – 9 **le raisin chasselas** Rebsorte – 10 **un cerisier** l'arbre qui donne les *cerises fpl* (Kirschen) – 10 **un fraisier** → **une fraise** Erdbeere – 11 **un framboisier** → **une framboise** Himbeere – 11 **un groseillier** → **une groseille** rote Johannisbeere – 12 **une baie** un petit fruit (Beere) – 12 **acide** sauer – 14 **un ennui** un problème – 14 **un arbuste** Strauch – 16 **un repaire** un endroit où se cachent des animaux ou des personnes dangereuses – 18 **cueillir** [kœjiʀ] sammeln, ernten – 21 **une torture** Qual, Folter – 22 **peser le pour et le contre** *ici :* abwägen – 25 **mûr** reif – 25 **juste à point** genau richtig

Je finissais par y aller, au groseillier, et je mangeais en faisant attention à ne jamais tourner le dos à la Beuve.

« Comme ça, au cas où, je les verrai arriver, les bras gluants. »

Mais je ne parvenais pas à tenir bien longtemps ; la peur prenait toujours le dessus, et je m'enfuyais vers la maison en courant de toutes mes forces, persuadé que dans mon dos s'allongeaient les deux bras maudits.

2 **le dos** Rücken – 4 **au cas où** *ici :* falls er kommen würde – 6 **parvenir à faire qc** réussir à faire qc – 7 **prendre le dessus** gagner, être le plus fort – 7 **s'enfuir** partir très vite – 9 **être persuadé de qc/que** être sûr de qc/que – 10 **maudit** *ici :* terrible, terrifiant

3

Le temps a passé.

Cinq ans, six ans, sept ans, je suis devenu grand. C'est ainsi du moins que je me voyais : puissant, et fort, et génial, et je n'avais jamais tort. Mes parents exaspérés m'envoyaient plus souvent que jamais chez Grand-Mère et celle-ci continuait à me prévenir des dangers de la Beuve, des vices sournois de son habitant, le Père Tire-Bras.

Mais ses discours n'avaient plus l'efficacité d'autrefois. Et, dans mon lit, au lieu de claquer des dents, je marmonnais :

– Grand-Mère me raconte ces trucs-là pour que je ne risque pas de glisser dans l'eau et me noyer. Père Tire-Bras, mes fesses !

Tout de même, lorsque j'approchais de la Beuve pour y cueillir les groseilles, un frisson me saisissait, et je devais me raisonner.

– Olivier, espèce de sale trouillard, il existe pas, le Père Tire-Bras. Il-existe-pas !

Pourtant je finissais par courir sans me retourner, sûr que derrière moi se tendaient d'innommables mains crochues.

3 **c'est ainsi que** c'est comme ça que, c'est de cette façon que – 3 **du moins** zumindest – 3 **puissant** mächtig – 4 **avoir tort** ≠ avoir raison – 5 **être exaspéré** être très énervé, perdre patience – 7 **prévenir qn de qc** dire à qn de faire attention à qc – 7 **un vice** *ici :* une habitude dangereuse pour les autres – 7 **sournois** verschlagen, hinterhältig – 9 **l'efficacité** *f* Wirkungskraft – 10 **claquer des dents** mit den Zähnen klappern – 11 **marmonner qc** ≠ dire qc clairement – 13 **glisser** *ici :* tomber – 13 **se noyer** ertrinken – 14 **Mes fesses !** *fam* Von wegen!, Denkste! – 16 **un frisson** → **frissoner** schaudern – 16 **saisir qn** *ici :* jdn packen – 17 **se raisonner** se parler calmement (sich zur Raison rufen) – 18 **espèce de sale…** *fam insulte* du elender…, du blöder… – 18 **un trouillard** *fam* qui a peur – 21 **se tendre** *ici :* s'allonger – 21 **innommable** horrible – 22 **crochu** *ici :* klauenartig

Un jour, je me suis dit que la seule façon d'en finir avec cette peur idiote était de me livrer à des exercices anti-panique.

Il fallait y aller progressivement. J'ai commencé par me forcer à rester collé au groseillier en comptant les secondes. Je devais, à chaque fois, augmenter le temps, et je m'encourageais en me gavant de groseilles. Ensuite, (ç'a été le plus dur), j'ai tourné le dos à la Beuve, et la tête rentrée dans les épaules, je me suis répété, les yeux fixés sur le chronomètre de ma montre :

– Le Père Tire-Bras, y en a pas, y a pas de Père Tire-Bras…

Tout ce cirque m'a pris plusieurs séjours, et des litres de transpiration, et j'ai attrapé des crampes à force de serrer les fesses, mais, au bout d'un an – je venais de fêter mon huitième anniversaire – je me suis planté à deux mètres de la rive, et j'ai crié, victorieux :

– Père Tire-Bras, t'existes même pas !

2 **se livrer à un exercice** *ici :* faire un exercice – 4 **y aller** *fam* vorgehen – 5 **rester collé à qc** *ici :* rester très près de qc – 7 **augmenter** erhöhen – 7 **s'encourager** se donner du courage – 8 **se gaver de qc** manger beaucoup de qc – 9 **la tête rentrée dans les épaules** mit eingezogenem Kopf (**une épaule** Schulter) – 14 **un cirque** *ici :* une affaire ridicule – 14 **cela me/te/lui… prend** + *quantité de temps* eine gewisse Zeit kosten, um etw zu tun – 15 **la transpiration** Schweiß – 15 **attraper une crampe** *fam* einen Krampf bekommen – 16 **à force de** + *inf* durch (vieles) … – 16 **serrer les fesses** die Pobacken zusammenpressen – 18 **se planter** *ici :* rester debout et ne pas bouger – 20 **même pas** gar nicht

4

– N'oublie pas, Olivier, attention au Père Tire-Bras !

– Bien sûr, Grand-Mère.

Et je rigolais intérieurement.

– C'est vrai ça, faut que je fasse gaffe, des fois qu'il m'attaquerait, avec ses copains Barbe-Bleue, la Petite Souris, le Père Noël, et Blanche-Neige... Sacrée bande de crapules ! Pauvre Grand-Mère. Elle me prend encore pour un morveux. Je ne peux pas la contrarier, ça lui ferait de la peine.

Grisé par mon nouveau courage, j'allais sur la berge de la rivière et je fanfaronnais :

– Alors, Père Tire-Bras ? On a la vue qui baisse ? On a besoin de lunettes ? Hmm ? Où c'est que tu te planques, vieux débris ? C'est moi, Olivier !

Les couinements des ragondins, le caquetage des poules d'eau, le bruissement du courant me répondaient, et je retournais à la maison en marchant très lentement, pour aller boire mon chocolat.

Puis il y a eu ce matin, ce matin où je suis allé trop loin. Une brume à la surface de la Beuve formait un tapis blanc qui cachait l'eau ; j'ai baissé la fermeture

4 **faire gaffe** *fam* faire attention – 5 **Barbe-Bleue** personnage cruel d'un *conte populaire* (Märchen) – 6 **la Petite Souris** Zahnfee – 6 **Blanche-Neige** *f* Schneewittchen – 7 **sacré** *ici : fam* verdammt – 8 **prendre qn pour qc** jdn für etw halten – 8 **un morveux** *péj fam* un enfant (Rotzlöffel) – 9 **contrarier qn** *ici :* énerver qn – 9 **faire de la peine à qn** attrister qc – 10 **grisé** *ici :* berauscht – 11 **fanfaronner** sich aufspielen – 12 **avoir la vue qui baisse** voir moins bien – 14 **se planquer** *fam* se cacher – 14 **un vieux débris** *ici : péj* alter Knacker – 15 **un couinement** → couiner piepsen – 15 **un ragondin** Bisamratte – 15 **un caquetage** *le cri de la poule* – 16 **une poule d'eau** Teichhuhn – 16 **un bruissement** *ici :* Plätschern – 16 **le courant** le mouvement de l'eau – 21 **une brume** Dunst – 22 **un tapis** Teppich – 22 **une fermeture Éclair** Reißverschluss

Éclair de ma braguette, et j'ai fait pipi dans la rivière.

C'est alors qu'ont surgi de la brume blanche des bras fins et souples, comme deux immenses serpents. Je n'avais pas eu le temps de crier que j'étais déjà sous l'eau.

1 **une braguette** Hosenlatz – 3 **surgir** sortir, apparaître tout à coup – 4 **souple** biegsam – 5 **un serpent** Schlange

5

La Beuve était glacée ; durant quelques secondes, j'ai cru que j'allais mourir de froid avant même de me noyer. Mais les bras m'entraînaient à une vitesse inouïe et en un instant ils m'ont sorti de l'eau, puis m'ont lâché.

Mais c'est dans le noir que je me trouvais, allongé sur ce qui m'a semblé être du rocher couvert de vase. J'ai tâtonné un peu, j'ai essayé de me lever, j'ai glissé.

Une voix de crécelle, aiguë et chevrotante, m'a fait faire un bond en arrière, et j'ai encore manqué me casser la figure.

– Le coup du pipi, ça, c'est la goutte qui fait déborder le vase !

– Quoi ? Quoi ?

– Passe encore, pour les insultes, les moqueries. Mais le pipi, alors ça, non !

– Mais… mais…

– Tu n'as pas fait pipi, peut-être ?

Tu vas oser dire que tu n'as pas fait pipi dans ma rivière ? Hein ? Assieds-toi et reste tranquille.

Tes yeux vont s'habituer à l'obscurité, et tu connaîtras ton nouveau logis.

Je crois que j'aurais préféré rester dans le noir. Parce que quand j'ai commencé à distinguer ce qu'il y avait autour de moi…

1 **glacé** *ici :* très froid – 4 **inouï** [inwi] *ici :* incroyable, fou – 4 **en un instant** très vite – 5 **lâcher qc/qn** arrêter de tenir qc/qn – 6 **être allongé** *ici :* être couché par terre – 7 **le rocher** Felsgestein – 8 **tâtonner** *ici :* toucher avec les mains autour de soi – 10 **une voix de crécelle** *f* une voix *aiguë* (schrill), désagréable – 10 **chevrotant** zittrig – 11 **faire un bond** sauter – 12 **se casser la figure** *fam* tomber – 13 **la goutte qui fait déborder le vase** *expression* der Tropfen, der das Fass zum Überlaufen bringt – 16 **passe encore pour** *fam* über … will ich hinwegsehen – 16 **une insulte** Beleidigung – 20 **oser faire qc** es wagen etw zu tun – 22 **l'obscurité** *f* quand il fait presque noir – 23 **un logis** [lɔʒi] *litt* une habitation – 25 **distinguer** *ici :* voir

Une caverne aux parois vertes de mousse et de lichen ; partout, des coquilles d'escargots. Et surtout, le pire, le plus abominable, celui qui m'avait amené là : le Père Tire-Bras. La description que m'en avait fait Grand-Mère, c'était de la gnognotte, à côté du spectacle qu'offrait le monstre.

1 **une caverne** une grotte – 1 **une paroi** un mur naturel – 1 **la mousse** *ici :* Moos – 2 **le lichen** [liken] Flechte – 2 **une coquille** Gehäuse, Schale – 3 **abominable** terrible, horrible – 4 **amener qc/qn** etw/jdn bringen – 6 **être de la gnognotte** *fam ici :* être sans importance

6

Le Père Tire-Bras n'était pas grand, il avait à peu près ma taille. Son teint ? Aussi vert que les parois de sa grotte. En guise de cheveux, des nageoires s'alignaient sur le crâne.

Son visage était à moitié pourri, un de ses yeux pendait comme une ampoule à un fil électrique. Il n'avait pas une seule dent, et on aurait dit qu'une souris avait grignoté une de ses oreilles. Il a toussé.

– Je t'en donnerai, moi, du pipi ! Ma rivière n'est pas assez polluée comme ça ?

– Vous… vous êtes le Père Tire-Bras ?

– Oooh, mais il est intelligent ! Il est brillant ! Comment tu as deviné ? Évidemment, andouille !

– Et, euh… qu'est-ce que vous voulez ?

– Il y a trente ou quarante ans, le problème aurait été vite réglé. Je t'aurais bouffé. Oui, bon, fais pas cette tête. T'es pas au courant ? Le Père Tire-Bras, y boulotte les petits enfants. Comme l'ogre. Sauf que l'ogre, ça, il peut pas le faire : hop là !

Et un de ses bras s'est détendu, comme la langue d'un caméléon. Le Père Tire-Bras a ramené à sa bouche une limace, qu'il a gobée.

3 **en guise de qc** *ici :* à la place de qc – 3 **une nageoire** Rückenflosse – 4 **s'aligner** former une ligne – 4 **le crâne** la tête – 5 **pourri** verfault, verwest – 6 **une ampoule** Glühbirne – 6 **un fil électrique** Kabel – 7 **on aurait dit que** c'était comme si – 8 **grignoter** anknabbern – 8 **tousser** husten – 9 **je t'en donnerai…** *fam ici :* dir werde ich's heimzahlen – 13 **deviner** trouver la réponse, la solution – 13 **Évidemment !** [evidamɑ̃] *ici :* Bien sûr ! – 13 **une andouille** *fam* un idiot – 16 **bouffer** *fam* futtern – 17 **faire une tête** *fam* ein Gesicht ziehen – 17 **être au courant** *fam* être informé – 17 **y** *ici : fam* il – 18 **boulotter** *fam* manger, bouffer – 18 **un ogre** menschenfressendes Ungeheuer – 20 **se détendre** *ici :* hervorschnellen – 21 **ramener** porter – 22 **une limace** Nacktschnecke – 22 **gober qc** *ici :* avaler vite qc

– Ah, ah ! Ça te la coupe, mon gaillard ! Qu'est-ce qu'on disait déjà ? Ah oui ! Je devrais te becqueter. Mais je peux plus. Je peux plu-u-u-us !

Sa voix s'est cassée, et le monstre s'est mis à pleurer comme un veau.

1 **ça te la coupe** *fam* da bleibt dir die Spucke weg – 1 **mon gaillard** *fam* Bürschchen, Freundchen – 2 **becqueter** [bɛkte] *fam* manger – 4 **se casser** *ici :* heiser werden – 5 **pleurer comme un veau** *fam* pleurer en faisant beaucoup de bruit (**un veau** Kalb)

7

– La pollution, mon garçon, la pollution ! Avec toutes les saletés qu'ils déversent dans la Beuve, les engrais, les égouts, les pesticides, c'est plus une rivière, c'est un dépotoir… Et voilà dans quel état ça m'a mis. T'as vu ma bouche ? Y a encore, quoi ? Cinquante ans à peine, les dents d'un grand requin blanc, c'étaient des grains de riz à côté de mes quenottes à moi. Et mon œil ? T'as vu mon œil ? Beuh, euh, euh… C'est la catastrophe. J'en suis réduit à manger des escargots, des têtards, des araignées d'eau-eau-eau…

– Donc vous ne pouvez plus me manger ? Donc je peux m'en aller ?

Le Père Tire-Bras s'est arrêté de pleurer aussi sec, et il m'a fixé de ses deux yeux, le normal, et le pendant.

– C'est ça, ouais. Et tu veux pas aussi un sac de bonbons ? Tu plaisantes ? Je ne peux plus te dévorer, d'accord. Mais je peux faire pas mal, dans le genre désagréable : te garder dans ma caverne, hé, hé, hé, kof ! Kof ! Euarrkk ! Me fais pas rire, après je tousse, et ça me met d'encore plus mauvaise humeur.

– Pitié, pas ça ! Pas rester ici !

– Tu vas finir par me vexer. Dis tout de suite que ça te plaît pas ! Que c'est pas coquet !

2 **une saleté** Dreck, Mist – 2 **déverser** einleiten – 3 **un engrais** Dünger – 3 **les égouts** *mpl ici :* Abwässer – 4 **un dépotoir** Müllhalde – 4 **un état** Zustand – 6 **un requin** Hai – 8 **une quenotte** *fam* Beißerchen – 10 **en être réduit à faire qc** *ici :* être obligé de faire qc – 10 **un têtard** Kaulquappe – 11 **une araignée** Spinne – 14 **aussi sec** *fam* tout de suite – 17 **C'est ça !** Von wegen! – 18 **plaisanter** scherzen – 18 **dévorer qc** manger qc vite – 19 **je peux faire pas mal dans le genre désagréable** *fam ici :* je sais très bien faire des choses désagréables – 21 **Kof ! Kof !** Hust! Hust! – 23 **la pitié** Gnade – 24 **vexer qn** jdn beleidigen – 25 **coquet** *ici :* élégant, beau

– Je ferai plus pipi ! Plus jamais ! Nulle part !

– C'est trop tard. Tu veux un escargot ?

– Non ! Nooon !

– Comme tu veux. Je suis ravi d'avoir de la compagnie pour les années à venir…

4 **ravi** très content – 5 **la compagnie** Gesellschaft – 5 **à venir** futur

8

L'eau était la seule issue pour quitter la caverne, et je me serais noyé bien avant d'atteindre la surface. Le peu de lumière venait d'une anfractuosité de la roche, mais si haut dans cette grotte aux dimensions de cathédrale que je n'avais aucune chance d'escalader les parois glissantes.

Le Père Tire-Bras me regardait en ricanant. Ça m'a énervé.

– M'en fiche. Dès que vous regarderez pas, je ferai pipi dans votre Beuve, là.

– Je te ferai remarquer, cher ami, que c'est tout ce que tu auras à boire ici, pendant un bail… Enfin, si tu vis assez longtemps pour ça. Cette atmosphère humide, c'est très mauvais pour les bronches d'un petit garçon.

Et le voilà reparti dans les ricanements.

Les heures ont passé, le Père Tire-Bras ne disait rien, il me regardait : j'avais peur, et je m'ennuyais, aussi. Alors j'ai demandé :

– Ça fait longtemps que vous mangez les enfants ?

– Ooof… Vingt, trente mille ans ?

– Tant que ça ? Mais vous avez quel âge ?

– Aucune idée. Je suis comme qui dirait immortel. S'il n'y avait pas cette pollution…

– Vous avez mangé combien d'enfants ?

1 **une issue** une sortie – 2 **atteindre un endroit** arriver quelque part – 3 **une anfractuosité** une fente (Spalte) – 4 **la roche** Fels – 6 **escalader** [ɛskalade] **qc** grimper à qc – 7 **ricaner** rire en se moquant – 9 **je m'en fiche** *fam* ça m'est égal – 9 **dès que** sobald – 11 **faire remarquer qc à qn** informer qn de qc, *ici :* ist dir klar, dass… ? – 12 **pendant un bail** [baj] *ici : fam* pendant longtemps – 14 **humide** feucht – 14 **les bronches** *fpl* Bronchien – 16 **être reparti dans qc** *fam* recommencer à faire qc – 16 **un ricanement** → **ricaner** rire en se moquant de qc/qn – 24 **immortel** qui ne va pas mourir

– À la bonne vieille époque, disons, un ou deux par semaine… Dans ces eaux-là…

– Ça fait du monde.

– Pour sûr. Et y en avait des fameux, dans le tas. Je me souviens, au Moyen Âge, une fillette bien dodue, qui…

– Père Tire-Bras, j'ai une idée.

2 **dans ces eaux-là** *fam* environ – 3 **ça fait du monde** *fam* ça fait beaucoup – 4 **fameux** *ici :* délicieux – 5 **une fillette** [fijɛt] une petite fille – 5 **dodu** rond

9

– Tu doutes de rien, fiston !

– La pollution est en train de vous faire fondre comme un sucre dans du café, on est d'accord ?

– Humpf. J'aime pas beaucoup la comparaison, mais y a du vrai.

– Me garder ici, ça n'y changera rien, n'est-ce pas ?

– Non, mais au moins, je pourrai…

– Écoutez, Père Tire-Bras.

Vous me faites remonter là-haut, sur la berge, et je jure de tout faire, dans les années à venir, pour combattre la pollution de la Beuve. Je vous rendrai votre eau propre.

– Ah ! Oh, oooh…

– Hein ? Mais vous devez me promettre de ne plus manger d'enfants. Plus jamais. Les poissons, les oiseaux, les grenouilles, tout ce que vous voulez. Mais pas les enfants.

Le Père Tire-Bras a fait la moue.

– C'est contre mes principes. On demande pas à un tigre de bouffer des endives.

– Très bien… Restez à pourrir dans votre trou.

Il a tourné, il a grognonné, il a reniflé, et puis il m'a demandé, en criant :

– Tu jures ? Tu jures que tu feras ça ? La Beuve sera propre ?

– J'ai déjà juré. Je n'ai qu'une parole.

1 **ne douter de rien** *fam* être sûr de soi ou de ce qu'on dit – 1 **un fiston** *fam* Sohnemann; Bürschchen – 2 **fondre** zergehen, schmelzen – 11 **jurer** *ici* : promettre – 12 **combattre qc** etw bekämpfen – 12 **rendre qc propre** *ici :* nettoyer (reinigen) – 17 **une grenouille** Frosch – 19 **faire la moue** *fam* ein Gesicht ziehen – 21 **une endive** Chicoree – 22 **un trou** Loch – 23 **grognonner** *fam* murren, meckern – 23 **renifler** schniefen

– Et tu ne parleras pas de moi à la surface ? Tu ne diras à personne que j'existe ?

– À personne. Je n'ai pas envie qu'on m'enferme à l'asile.

– Bien…

Les deux mains griffues m'ont saisi aux épaules, j'ai été projeté dans l'eau, et avant de l'avoir compris, je gisais à plat ventre, près du groseillier de Grand-Mère.

3 **enfermer qn** mettre qn dans un lieu d'où il ne peut pas sortir – 4 **un asile** *ici : fam* un hôpital psychiatrique – 6 **griffu** → **une griffe** Kralle – 7 **projeter qc/qn** etw/jdn herausschleudern – 8 **gésir** *litt* être couché – 8 **être à plat ventre** (être couché) sur le ventre

10

Il m'a fallu vingt-trois ans, vingt-trois ans à me démener, à aller voir les maires des villages bordant la Beuve, les patrons des usines, les cultivateurs, vingt-trois ans d'acharnement pour rendre à la rivière sa propreté d'antan.

Grand-Mère était très vieille quand je suis revenu au fond du jardin, près de l'eau.

– Père Tire-Bras ? Père Tire-Bras… Pèèère Tire-Bras ?

Pas de réponse. Je me suis senti stupide, moi et mes trente et un ans, à parler tout seul ; tout cela n'avait été qu'un rêve d'enfant. J'ai haussé les épaules, et tourné les talons.

Les mains griffues m'ont rattrapé alors que j'étais déjà loin de la berge.

Il n'avait plus l'œil pendant, ni le visage en marmelade, le Père Tire-Bras. En pleine forme, le monstre.

Il sautait sur place comme un môme qui piétine des champignons.

– Vingt dieux mon gars ! Je pète la santé ! Regarde, je suis pas magnifique ? Je voulais te dire merci ! Merci fiston !

– J'avais promis. Alors, tout va bien ?

– C'est la fête ! J'ai retrouvé mes dents ! Pointues, non ? Dans la semaine, je me boulotte mon premier gamin !

1 **se démener** faire beaucoup d'efforts – 3 **un patron** un chef – 3 **une usine** Fabrik – 3 **un cultivateur** qui cultive des plantes – 4 **l'acharnement** *m* l'engagement passionné – 5 **d'antan** *litt* d'avant (früher) – 12 **hausser les épaules** mit den Schultern zucken – 13 **tourner les talons** *mpl* partir, s'en aller – 17 **en marmelade** *f ici :* détruit – 19 **un môme** *fam* un enfant – 19 **piétiner qc** marcher très fort sur qc – 21 **Vingt dieux !** *fam* Donnerwetter! – 21 **un gars** [ga] *fam* un type – 21 **péter la santé** *fam* être en forme – 25 **pointu** spitz – 27 **un gamin** *fam* un enfant

– Votre premier… Comment ça ? Vous aviez juré !

– Ah bon ? Je ne me souviens plus. Sacrée mémoire…

– Père Tire-Bras, espèce d'hypocrite ! Menteur ! Faux-jeton !

– Ah mais ! Tu viens m'insulter dans ma grotte ? T'as de la chance d'avoir nettoyé la rivière, autrement…

Il a lancé ses bras sur moi, j'ai été replongé dans la Beuve, puis propulsé, tête la première, dans le groseillier.

Ne faites jamais, jamais, jamais confiance à un monstre, même s'il est à moitié pourri, et qu'il mange des escargots.

2 **sacré** *ici :* verflixt, verdammt – 4 **un hypocrite** Heuchler – 4 **un menteur** qui ne dit pas la vérité – 5 **un faux-jeton** *fam* falscher Fuffziger – 9 **lancer** *ici :* projeter – 10 **propulser** projeter – 12 **faire confiance à qc/qn** etw/jdm vertrauen

Pistes de lecture

Chapitre 1

1. Qui est le Père Tire-Bras ?
2. Racontez la légende du Père Tire-Bras.
3. Pourquoi est-ce que la grand-mère raconte cette légende à Olivier ?

Chapitre 2

1. Est-ce que le petit Olivier croit à la légende du Père Tire-Bras ?
2. Comment est-ce qu'il se comporte ?

Chapitre 3

1. Comment change l'attitude *(Haltung)* d'Olivier au fil des années *(über die Jahre)* ?
2. Qu'est-ce qu'il fait ?

Chapitre 4

1. Décrivez le comportement d'Olivier lorsqu'il a huit ans.
2. Qu'est-ce qui se passe un jour ?

Chapitres 5 et 6

1. Décrivez le Père Tire-Bras et l'endroit où il vit.
2. Comment est-ce qu'il traite Olivier ? (Référez-vous aussi au langage qu'utilise ce personnage !)
3. Comment réagit Olivier ?

Chapitre 7

1. Comment va le Père Tire-Bras (physiquement, psychologiquement) ?
2. Expliquez pourquoi.

Chapitres 8 et 9

Comment Olivier arrive à se sauver ?

Chapitre 10

1. Racontez la fin du récit.
2. Comment vous la trouvez ? Pourquoi ?

Après la lecture du récit :

Ce récit peut être une parabole *(Parabel; Gleichnis)*.
Quel en serait le sujet ?
Que représenterait Olivier ? Et le Père Tire-Bras ?
Quel serait le message de cette parabole ?

Mikaël Ollivier

Sur un arbre perché

Pour Camille, président de l'APPAM, mon fils.

« Il faut vivre et non pas seulement exister. »
L'Éducation des enfants
Plutarque

1

Je dévale les marches sans bruit. J'enfile mon pull, ma seconde chaussure, je boutonne mon pantalon. Mon cœur cogne dans ma poitrine. Deux minutes plus tôt, j'ai bien cru que Frimousse, mon crétin de chat, allait tout faire rater. Mais son miaulement n'a réveillé personne. J'ai laissé le mot bien en évidence sur la table de la salle à manger :

Ne vous inquiétez pas, je suis à l'école.
Camille

À l'école un mercredi ! Pas sûr qu'on ne s'inquiète pas chez moi. Tant pis, c'est aujourd'hui ou jamais.

Je traverse le parc de la résidence. J'ai l'impression d'être seul au monde tellement il est tôt. Je n'ai pas peur, ou alors seulement un tout petit peu. J'ai quand même neuf ans depuis quelques jours !

Pas de temps à perdre ! Tout devient bleu autour de moi, même l'air frais que je respire et qui sent l'herbe humide. J'ai de la buée sur mes lunettes. Ce n'est pas encore le jour, mais déjà plus la nuit. J'accélère le pas, je cours presque.

J'arrive devant mon école. On dirait qu'elle dort, mais que d'un œil. Ma gorge se serre. Il n'y a pas un bruit à part le chant des oiseaux qui se réveillent. Je

1 **dévaler** descendre à toute vitesse – 1 **enfiler** *ici :* mettre – 2 **boutonner un vêtement** fermer avec des *boutons mpl* (Knöpfe) – 3 **cogner** *ici :* battre fort – 3 **la poitrine** Brust – 4 **notre crétin** *m* **de …** *fam* unser doofer… – 5 **rater qc** ≠ réussir qc – 5 **un miaulement** le cri du chat – 6 **bien en évidence** *ici :* pour qu'on le voie facilement – 8 **s'inquiéter** sich Sorgen machen – 11 **Tant pis !** *fam* Pech! – 12 **une résidence** Wohnanlage – 13 **tellement** so (sehr), dermaßen – 13 **tôt** ≠ tard – 18 **humide** ≠ sec – 18 **la buée** (feuchter) Beschlag – 20 **accélérer le pas** aller plus vite – 22 **ma gorge se serre** mein Hals ist wie zugeschnürt

fais le tour du bâtiment et je m'arrête devant la barrière qui mène à la cour.

Il est là, la cime plantée dans les dernières étoiles.

Finalement, j'ai peur. Après tout, je n'ai neuf ans que depuis quelques jours ! Je regrette mon lit, ma couette, mon chat… Même Madeleine, ma grande sœur !

Mon ventre gargouille. J'y peux rien : quand j'ai peur, j'ai faim. J'ai envie de faire demi-tour, de rentrer en courant à la maison. Mais je me suis promis de ne pas reculer. Je ne peux pas reculer.

Je regarde l'arbre une dernière fois. Je saute la barrière.

1 **un bâtiment** un immeuble – 2 **une barrière** *ici :* Zaun – 2 **mener** führen – 3 **une cime** l'extrêmité la plus haute d'un arbre – 3 **planté** *ici :* eingebettet – 5 **regretter** *ici :* vermissen – 6 **une couette** *ici :* Daunendecke – 8 **gargouiller** gluckern – 8 **j'y peux rien** *fam* ich kann nichts dafür – 11 **reculer** *ici :* aufgeben – 12 **sauter** springen

2

J'ai toujours aimé les arbres. Mon tout premier souvenir est celui du soleil jouant entre des feuilles et des branches agitées par le vent. Personne ne veut me croire parce que je n'avais que onze mois ce jour d'été où mes parents m'avaient installé sur une couverture, à l'ombre d'un érable. On n'est pas censé avoir de souvenirs si anciens. Moi si, du cache-cache du bleu du ciel, du vert des feuilles et de l'or éblouissant du soleil vers lequel j'avais tendu les mains pour essayer d'en attraper un bout.

Depuis, je n'arrête plus de grimper aux arbres pour m'approcher du soleil… En cachette, pour ne pas entendre la phrase préférée de mon père :

– Camille ! Descends de là tout de suite, tu vas te casser un bras !

Ou une jambe, ça dépend des jours. Il dit souvent aussi :

– Ne cours pas dans l'escalier !

– Mets ton casque pour faire du vélo.

– Arrête de sauter sur le lit.

Dans la chambre de ma mère, au mur, il y a une photo de moi que je déteste. J'y ai seize mois, debout dans mon parc, tenant les barreaux de bois comme ceux, en fer, d'une prison.

Sapins ou peupliers, cerisiers, pommiers, bouleaux, chênes… Quand je découvre un nouveau

3 **une branche** Ast – 3 **agiter qc** faire bouger qc – 5 **installer** *ici :* mettre, poser – 6 **une ombre** Schatten – 6 **un érable** Ahorn – 7 **ne pas être censé** + *inf* ce n'est pas normal de + *inf* – 8 **cache-cache** jeu d'enfant où l'on se cache – 8 **le ciel** Himmel – 9 **éblouissant** blendend – 10 **un bout** Stück – 11 **grimper** klettern – 12 **en cachette** secrètement – 23 **un parc** *ici :* Laufstall – 23 **tenant** → tenir – 23 **les barreaux** *mpl* Gitterstäbe – 24 **le fer** Eisen – 25 **un sapin** Tanne – 25 **un peuplier** Pappel – 25 **un cerisier** l'arbre qui donne les *cerises* (Kirsche) – 26 **un bouleau** Birke – 26 **un chêne** Eiche

jardin ou un square, j'observe les arbres comme s'ils étaient des chevaux sauvages à dompter. Et plus ils ont l'air « imprenables », plus ils sembleraient dangereux aux yeux des parents, plus le désir d'en atteindre la cime est fort. Il y a toujours un moyen. Je ne suis pas très grand. Mince, je peux me glisser entre des rameaux serrés ; léger, je peux monter sur des branches frêles ; nerveux, je sais me hisser à la force des bras quand il n'y a pas d'appui pour mes pieds.

Une fois là-haut, je ferme les yeux et j'écoute le vent, le craquement des branches, les grincements du tronc, le bruissement des feuilles.

J'imagine que je suis perché en haut du mât d'un navire qui, voiles gonflées, sillonne fièrement les mers du Sud.

Le seul arbre de la cour de l'école élémentaire Saint-Exupéry est un vieux cèdre du Liban blessé par la foudre qui donne l'impression d'avoir du mal à lever ses grands bras. L'un d'eux repose au sol, poli par les milliers de fesses d'enfants qui se sont assises dessus.

Par la fenêtre de ma classe de CE2 A, je l'ai beaucoup regardé. Je l'ai même dessiné précisément et, le soir dans mon lit, à la lumière de

1 **un square** un petit jardin public en ville – 2 **sauvage** wild – 2 **dompter** [dɔ̃(p)te] dresser – 3 **plus… plus** je mehr … um so mehr – 3 **imprenable** *ici :* impossible à grimper – 4 **sembler** avoir l'air – 5 **atteindre qc** *ici :* arriver à – 6 **un moyen** [mwajɛ̃] une possibilité – 6 **mince** ≠ gros – 7 **un rameau** Zweig – 7 **serré** *ici :* près l'un de l'autre – 8 **frêle** *ici :* qui a l'air fragile – 8 **nerveux** *ici :* dynamique – 9 **se hisser** ['ise] sich hochziehen – 9 **un appui** Halt, Stütze – 12 **un craquement** → **craquer** knacken – 12 **un grincement** → **grincer** knirschen – 13 **un tronc** [tʀɔ̃] Stamm – 13 **un bruissement** *ici :* Rascheln – 14 **être perché sur qc** oben auf etw sitzen, liegen – 14 **un mât** Mast – 15 **un navire (à voiles)** (Segel)Schiff – 15 **gonflé** gebläht – 15 **sillonner** [sijɔne] traverser – 18 **Antoine de Saint-Exupéry** (1900-1944) un célèbre écrivain et aviateur *(Flieger) français* – 18 **un cèdre du Liban** Libanon-Zeder – 19 **la foudre** Blitz – 19 **avoir du mal à faire qc** avoir des difficultés à faire qc – 20 **reposer** *ici :* être couché – 20 **au sol** *m* par terre – 21 **polir qc** etw polieren – 21 **les fesses** *fpl* Po(backen) – 23 **CE2 A** Cours Élémentaire 2, 3e niveau de l'école primaire (entspricht 3. Schuljahr d. dtsch. Grundschule)

ma lampe de poche, j'ai répété dans ma tête les mouvements qu'il faudra que je fasse pour monter tout en haut et dominer enfin la cour et l'école.

Je me sens excité. Il fait presque tout à fait jour maintenant.

Je regarde le panneau que le gardien a cloué à la base du tronc, avec ses grosses lettres rouges :

INTERDICTION FORMELLE DE GRIMPER

On croirait que c'est mon père qui l'a écrit ! Je monte sur la grosse branche qui touche le sol, la première marche.

Je lève les yeux. L'arbre est large et beau. Il monte si haut dans le ciel…

6 **un panneau** Hinweisschild – 6 **clouer qc** fixer qc avec un clou (Nagel) – 8 **une interdiction** → interdire qc à qn – 8 **formel** *ici :* strict – 10 **toucher** berühren – 11 **une marche** Treppenstufe

3

Interdiction formelle de grimper.

Ben voyons ! Je viens de me hisser sur la branche supérieure et je marche comme un funambule vers le tronc.

Défense de courir.

Ce panneau-là, je l'ai vu à la piscine. Ceux qui l'ont fixé ne doivent pas beaucoup aimer plonger ni nager. Comme ceux qui ont inventé le casque pour faire du vélo, qui ne connaissent certainement pas le plaisir de sentir le vent dans ses cheveux, surtout en roue libre, quand on ne freine pas dans une descente et que la vitesse chasse les larmes des yeux.

Moi, je m'ennuie si je descends l'escalier sans sauter quatre marches à la fois, ou bien sans glisser sur la rampe. Mais ça aussi, mes parents me l'interdisent.

Des fois, je me demande s'ils ont peur pour moi ou bien pour eux-mêmes. Peur de se reprocher plus tard le mal que je pourrais me faire.

Le tronc du cèdre est large et je dois le contourner pour atteindre la prochaine étape. Je manque d'appuis. Il y a un nœud dans le bois, juste de quoi poser le bout de ma chaussure. C'est un passage difficile. Je respire un grand coup. Je me lance, je reste un instant dans le vide… avant que mon bras

2 **Ben voyons !** *fam ici :* Das werden wir ja sehen!; Von wegen! – 3 **un funambule** Seiltänzer – 5 **une défense de faire qc** une interdiction de faire qc – 7 **plonger** *ici :* sauter dans l'eau – 10 **le vent** Wind – 11 **en roue** *f* **libre** in voller Fahrt – 11 **freiner** aller moins vite – 12 **une descente** → descendre – 12 **chasser** jagen, treiben – 14 **s'ennuyer** [ɑ̃nɥije] sich langweilen – 15 **glisser sur qc** auf etw gleiten, rutschen – 16 **une rampe** *ici :* Handlauf – 19 **se reprocher** sich vorwerfen – 21 **contourner qc** aller autour de qc – 23 **un nœud** Knoten – 24 **le bout de qc** *ici :* l'extrémité, la pointe de qc – 25 **se lancer** *ici :* aller vers l'avant avec dynamisme

droit se saisisse de la branche visée. Un coup de reins et ça y est : deux mètres de gagné !

Le plus dur est fait. Les branches sont moins espacées ensuite et j'ai envie de grimper plus vite. Mais je me freine car je sais que c'est toujours dans les moments les plus faciles qu'on fait une erreur et qu'on tombe.

Il y a deux ans, il y a eu des travaux dans la cour de l'école. On a démonté le vieux toboggan en fer, jugé trop dangereux, et supprimé le bac à sable parce qu'il n'était pas « hygiénique ». J'ai voulu regarder dans le dictionnaire ce que ça voulait dire mais je n'ai pas trouvé parce que H, Y, G, en CP, c'est trop compliqué. À la place, ils ont installé un lapin à bascule sur lequel on a l'air d'un crapaud sur une boîte d'allumettes et une marelle peinte sur le sol refait à neuf. C'était la grande nouveauté, ce sol : une sorte de goudron en plastique mou spécialement conçu pour qu'on puisse tomber sans se faire mal. Il ne manquait plus que les barreaux autour et on serait revenu au parc pour bébé !

Je suis maintenant à plus de dix mètres. La cour est si petite qu'on dirait un dessin. En bas je vois le lapin nain sur ressort, la marelle à Schtroumpfs et les tables de ping-pong pas plus grosses que des boîtes à chaussures… Tout est beau vu d'en haut :

1 **se saisir de qc** attraper qc (zupacken, ergreifen) – 1 **viser qc** *ici :* bien regarder qc afin de l'attraper – 1 **(donner) un coup de reins** faire un mouvement violent du bas du dos (Rücken) – 2 **deux mètres de gagné** *fam* j'ai avancé de deux mètres – 4 **être espacé de qc** être à une certaine distance de qc – 8 **des travaux** *mpl* (Bau)Arbeiten – 9 **un toboggan** Rutsche – 9 **le fer** [fɛʀ] Eisen – 10 **juger qc** décider de qc – 10 **supprimer** *ici :* démonter – 10 **un bac à sable** *m* Sandkasten – 13 **le CP** le cours préparatoire (entspricht dem 1. Schuljahr der dtsch. Grundschule) – 15 **à bascule** [baskyl] *f ici :* Wipp- – 15 **un crapaud** Kröte – 16 **une allumette** Streichholz – 16 **la marelle** Hüpfspiel (Himmel und Hölle) – 16 **peindre** *ici :* dessiner – 18 **le goudron** l'asphalte *m* – 18 **mou, molle** ≠ dur – 19 **conçu** → **concevoir** *ici :* konzipieren – 24 **nain** zwergenhaft – 24 **un ressort** *ici :* une spirale en métal – 24 **un Schtroumpf** Schlumpf

un mot de livret scolaire : *Camille a fait des efforts ce trimestre, et a eu de bonnes initiatives au sein du groupe. Un effort reste à faire en orthographe…*

Deux semaines plus tard, j'avais obtenu 530 signatures, presque tous les élèves de l'école, tous les professeurs, la directrice, le personnel d'entretien et beaucoup de parents d'élèves (dont les miens), même si certains avaient refusé de peur que leurs enfants ne se cassent un bras en grimpant dans le cèdre.

J'avais prévu d'envoyer la pétition à monsieur le maire mais j'ai trouvé qu'il y manquait encore quelque chose. Quelque chose qui fasse sérieux, adulte, qui impressionne, un peu comme les cravates pour les pères, ou les chignons pour les mères. Un logo. Des initiales.

Alors j'ai créé l'APPAM. L'Association pour la Protection des Arbres dans le Monde.

J'en suis devenu le président. Valentine la vice-présidente, Ludovic et Marie les secrétaires, Laura la rédactrice.

Cette fois encore, la maîtresse a dit que c'était une bonne initiative et que cette association « s'inscrivait pleinement dans le programme d'éducation civique ».

Très vite, à la récréation, on ne parlait plus que de l'APPAM. Tout le monde voulait en faire partie, même les grands de CM2. On s'est un peu disputés pour le dessin du logo et j'ai découvert que ce

1 **un livret scolaire** *Anlage zum Zeugnis mit schriftlichen Kommentaren zur Entwicklung des Schülers* – 2 **au sein de qc** dans qc – 6 **le personnel d'entretien** Reinungskräfte – 13 **faire sérieux** avoir l'air sérieux – 15 **un chignon** Haarknoten – 24 **s'inscrire dans qc** gut in den Rahmen von etw passen – 25 **l'éducation *f* civique** Gemeinschaftskunde, Sozialkunde

n'était pas facile d'être le chef et de prendre des décisions. Mais finalement, les quatre lettres vert et marron au bas de la pétition furent « du meilleur effet », comme a dit la directrice.

La mairie a mis deux semaines à répondre. À répondre « non ». L'arbre serait bien abattu, au mois de mai, un mercredi. Il en allait, soi-disant, de « la protection de l'enfance ».

Le bureau directoire, c'est-à-dire moi, a décidé d'écrire au « ministère de l'Écologie, de l'Énergie, du Développement durable et de la Mer », ça tenait à peine sur l'enveloppe.

On n'a jamais reçu de réponse.

Le temps a passé. Tout le monde a fini par se résoudre à voir disparaître le cèdre du Liban.

Tout le monde sauf moi.

4 **être du meilleur effet** faire une très bonne impression – 7 **en aller de qc** um etw gehen – 8 **l'enfance** quand on est un enfant – 11 **le développement durable** nachhaltige Entwicklung – 14 **se résoudre à faire qc** *ici :* se résigner à faire qc

5

– Mais qu'est-ce que tu fais là-haut, petit ?

C'est la voix du gardien. Je baisse les yeux et je vois son crâne chauve pas plus gros qu'un œuf de poule.

– Camille ! C'est toi Camille ? Tu vas te rompre le cou !

Le cou ? Celle-là, mon père ne me l'a encore jamais faite !

Un mouvement à l'entrée de l'école, de l'affolement.

Je reconnais la voix de ma mère. Bientôt, il y a une dizaine de personnes au pied de l'arbre, la tête levée vers moi. Chacun essaye de me convaincre de descendre, que je vais me casser quelque chose… Un bras, une jambe, le cou…

Mon père vient d'arriver ; il a dû rouler vite. La directrice aussi, qui n'a pas eu le temps d'enlever ses bigoudis. Il y a aussi les deux bûcherons chargés de tronçonner le cèdre.

Un peu plus tard, Valentine accourt au pied de l'arbre, puis Marie, Ludovic, Sally, Laura, ma sœur Madeleine et d'autres membres de l'APPAM.

Après les inquiétudes, ce sont les menaces qui montent vers moi, les voix des adultes qui s'impatientent et grondent. Cette fois, ce ne sont plus mes bras et mes jambes qui risquent quelque chose, ce sont mes fesses et mes oreilles !

3 **le crâne** la tête – 3 **chauve** sans cheveux – 5 **se rompre le cou** sich den Hals brechen – 7 **il ne me l'a encore jamais faite, celle-là** *fam* il ne m'a encore jamais fait cette *blague/remarque-là* (Streich; Bemerkung) – 10 **l'affolement** *m* la panique – 12 **une dizaine** [dizɛn] environ dix – 13 **convaincre qn de faire qc** jdn überzeugen etw zu tun – 18 **un bigoudi** *ici :* Lockenwickler – 18 **un bûcheron** une personne qui coupe les arbres – 18 **être chargé de faire qc** avoir le devoir de faire qc – 19 **tronçonner** couper en plusieurs parties – 20 **accourir** arriver en courant – 23 **une inquiétude** → s'inquiéter → S. 50 – 23 **une menace** → menacer → S. 58 – 25 **s'impatienter** perdre patience – 25 **gronder** ausschimpfen

Profitant d'un moment d'inattention, Paolo grimpe à son tour dans l'arbre, suivi d'Anaïs, de Valentine et de Madeleine. Je ne suis plus seul et je me sens soudain plus fort. Tous, on refuse de descendre tant que monsieur le maire en personne ne viendra pas écouter notre requête (j'ai fini par regarder ce que ça voulait dire dans le dictionnaire).

5 **tant que…** solange, …

6

Il arrive enfin, monsieur le maire, suivi de près par des journalistes et une caméra de télévision. J'ai vraiment bien fait d'écrire aux journalistes : un maire est toujours obligé de sourire quand il y a une caméra.

La directrice enlève ses bigoudis et le suit dans son bureau.

Dehors, on attend. Plus personne ne parle. Tout est en train de se jouer dans le bureau de la directrice.

Un rouge-gorge se pose sur la même branche que moi. Je n'en ai jamais vu d'aussi près. L'oiseau penche sa petite tête de côté, je lui souris.

C'est comme si le temps s'arrêtait de tourner…

Des pas dans la cour, l'oiseau s'envole dans un froissement d'ailes.

Monsieur le maire fait un grand sourire à la caméra. C'est bon signe mais j'ai peur et je suis trop haut pour entendre ce qu'il dit.

C'est Madeleine qui crie la première. De joie. Puis tous mes camarades de l'APPAM. Même la directrice !

On a gagné !… Le vieux cèdre du Liban est sauvé.

CRAC !

Comment ça, *CRAC ! ?*

1 **de près** dicht (dran) – 4 **obligé** forcé – 11 **un rouge-gorge** Rotkelchen – 13 **pencher** neigen – 15 **un pas** Schritt – 16 **un froissement d'ailes** Flügelrauschen – 18 **c'est bon/mauvais signe** *expression* das ist ein gutes/schlechtes Zeichen – 23 **sauvé** ≠ en danger

7

– Ça t'apprendra à grimper aux arbres ! me dit l'infirmier qui termine le plâtre sur mon bras. J'espère que ça te servira de leçon et que tu seras prudent à l'avenir !

Je ne lui réponds pas, mon cœur bat vite et fort. Je viens de croiser le regard d'une fille à la jambe plâtrée. Au moment où nos yeux se sont rencontrés, le temps s'est arrêté comme tout en haut de l'arbre, quelques heures plus tôt, quand le rouge-gorge s'est posé sur la branche avant qu'elle ne se brise.

1 **ça t'apprendra à** + *inf fam* das geschieht dir recht, dass – 2 **un plâtre** Gipsverband – 4 **être prudent** faire attention – 6 **croiser** *ici :* rencontrer – 10 **se briser** se casser

Épilogue

Camille ne peut pas encore savoir que cette brunette aux cheveux très courts deviendra son épouse le 14 juin 2022 et qu'ils se souviendront qu'ils doivent leur bonheur à deux accidents, à un bras et à une jambe cassés.

Que ce jour-là, ils se promettront de ne jamais empêcher leurs enfants de grimper aux arbres, de descendre l'escalier en courant, de sauter dans les vagues ou sur les lits…

Mais déjà Camille ne sent plus la douleur à son bras et ne rêve que de remonter tout en haut du vieux cèdre, avec elle, au plus près du soleil.

1 **une brunette** une fille ou une femme aux cheveux bruns – 2 **une épouse** Ehefrau – 3 **devoir qc à qn** jdm etw verdanken – 7 **empêcher qn de faire qc** jdn daran hindern etw zu tun – 9 **une vague** Welle – 10 **la douleur** Schmerz

Pistes de lecture

Avant la lecture du récit

1. Dessinez un arbre et écrivez les mots nécessaires pour le décrire. Aidez-vous d'un dictionnaire.
2. Est-ce que vous êtes déjà grimpés *(geklettert)* sur un arbre ? Qu'est-ce qui vous a motivés ?

Chapitre 1

1. Qui est Camille ?
2. Où va-t-il ce mercredi matin ?

Chapitre 2

1. Que ressent *(empfindet)* Camille pour les arbres ? Parlez de ses expériences et de ses sentiments.
2. Que représentent les arbres pour les parents de Camille ? Expliquez.

Chapitre 3

1. Cherchez sur Internet quelques photos représentant un cèdre du Liban et décrivez cet arbre.
2. Citez quelques phrases qui décrivent les efforts de Camille pour grimper dans l'arbre.
3. Pour lui, est-ce une expérience positive ou négative ? Justifiez votre choix.

Chapitre 4

1. Pourquoi Camille fait-il une pétition ? L'APPAM, qu'est-ce que c'est ?
2. Comment jugez-vous la réaction du « ministère de l'Écologie, de l'Énergie, du Développement durable et de la Mer » ?
3. Imaginez la suite du récit. Que va faire Camille ?

Chapitres 5 et 6

1. Résumez les chapitres 5 et 6 en quelques phrases.
2. Décrivez les différents comportements des personnes qui découvrent Camille en haut de l'arbre.

Chapitre 7 et épilogue

1. Comment le conflit se résout-il ?
2. Comment trouvez-vous la fin du récit ? Rédigez un petit commentaire de quelques phrases.
3. D'après vous, quel message veut transmettre l'auteur à ses jeunes lecteurs ?
   Et à leurs parents ?

Après la lecture du récit

1. Imaginez une lettre de réponse encourageante du ministère de l'Écologie, de l'Énergie, du Développement durable et de la Mer ».
2. Imaginez un reportage du journal scolaire sur l'action de Camille.

Notices biographiques

Quand il était petit, **Mikaël Ollivier**, né en 1968, aimait bien qu'on lui raconte des histoires. Maintenant qu'il est grand, il adore en inventer. Au point d'en avoir fait son métier : il écrit des romans, mais aussi des films pour la télévision et le cinéma.

Jean-François Chabas est né en 1967 dans la région parisienne. Il a exercé de nombreux métiers avant de se consacrer exclusivement à l'écriture.

3 **au point de** so sehr, dass – 8 **se consacrer à qc** faire exclusivement qc

Liste des abréviations

≠	antonyme de (Gegensatzwort von)
→	mot de la même famille
adj	adjectif
etw	etwas
f	féminin
fam	familier (langage)
fpl	féminin pluriel
jdm	jemandem
jdn	jemanden
litt	littéraire
m	masculin
mpl	masculin pluriel
pej	péjoratif
qc	quelque chose
qn	quelqu'un